ACTIVE, RÉSERVE

ET TERRITORIALE

TS ET DEVOIRS
DU SOLDAT

les lois, décrets et règlements récents.

en régions et subdivisions de région,
des première et deuxième portions
changements de résidence et de domicile,
d'appel, engagements, rengagements,
habillement, couchage, solde,
alimentation, punitions, permissions,
changements de corps
questions se rapportant à la vie journalière
du soldat.

Par A. DE LA VILLATTE

AU 76° REGIMENT D'INFANTERIE.

— Prix : Un franc. —

ORLÉANS

DE GEORGES JACOB

CLOÎTRE SAINT-ÉTIENNE, 4

1875

F

DROITS ET DEVOIRS

DU SOLDAT

Adresser les demandes à M. G. JACOB, 4, cloître Saint-Étienne, à Orléans, qui expédiera *franco*, contre mandat de poste, tout envoi de plus de *dix* exemplaires.

ARMÉE ACTIVE, RÉSERVE
ARMÉE TERRITORIALE

DROITS ET DEVOIRS

DU SOLDAT

D'après les lois, décrets et règlements récents.

Division de la France en régions et subdivisions de région,
recrutement des première et deuxième portions
du contingent, changements de résidence et de domicile,
devancements d'appel, engagements, rengagements,
hautes paies, habillement, couchage, solde,
masse, chauffage, alimentation, punitions, permissions,
changements de corps
et autres questions se rapportant à la vie journalière
du soldat.

Par A. DE LA VILLATTE

CAPITAINE AU 76ᵉ RÉGIMENT D'INFANTERIE

— Prix : Un franc. —

ORLÉANS

IMPRIMERIE DE GEORGES JACOB
CLOÎTRE SAINT-ÉTIENNE, 4

1875

PRÉFACE

Le service obligatoire exige plus que jamais de *tous* certaines connaissances de la vie pratique du soldat.

Les pères de famille, les hommes appelés à n'importe quel titre à faire partie de l'armée, les militaires qui sont sous les drapeaux trouveront dans ces pages un résumé de ce qu'il leur est indispensable de connaître.

Nouvelle division de la France au point de vue militaire, recrutement des première et deuxième portions du contingent, changements de résidence et de domicile des réservistes et disponibles, devancements d'appel, engagements, rengagements, habillement, couchage, solde, masse individuelle, chauffage, alimentation, hiérarchie, punitions, permissions, changements de corps, certificats de bonne conduite, d'origine de blessures ou d'infirmités, tout ce qui a trait à ces diverses questions a été tiré des nouvelles lois et des derniers réglements.

Beaucoup de soldats, même après de longs mois de service, ne savent qu'imparfaitement quels sont leurs droits et leurs devoirs; chercher à le leur apprendre, à les instruire, à leur être utile, tel est le but à atteindre.

A. V.

Orléans, le 19 février 1875.

DROITS ET DEVOIRS

DU SOLDAT

La France, y compris la Corse, se divise, au point de vue militaire, en 18 régions et en 144 subdivisions de région.

Chaque région est occupée par un corps d'armée qui y tient garnison.

Un corps d'armée spécial est, en outre, affecté à l'Algérie et porte le nom de 19e corps.

Les départements de Seine et de Seine-et-Oise forment un gouvernement militaire à part ; la ville de Lyon a aussi son gouverneur militaire, qui commande en même temps le 14e corps d'armée.

Division de la France en 18 régions et 144 subdivisions de région.

1er *corps.* — LILLE.

Lille (Nord).	Arras (Pas-de-Calais).
Valenciennes (Nord).	Béthune (id.).
Cambrai (id.).	Saint-Omer (id.).
Avesnes. (id.).	Dunkerque (Nord). .

2e *corps.* — AMIENS.

Soissons (Aisne).	Compiègne (Oise).
Saint-Quentin (Aisne).	Abbeville (Somme).
Beauvais (Oise).	Laon (Aisne).
Amiens (Somme).	Péronne (Somme).

3e *corps.* — ROUEN.

Bernay (Eure).	Rouen (Seine-Inférieure).
Évreux (id.).	Saint-Sever-Rouen (id.).
Falaise (Calvados).	Caen (Calvados).
Lisieux (id.).	Le Hâvre (Seine-Inférre).

4e *corps.* — LE MANS.

Laval (Mayenne).	Dreux (Eure-et-Loir).
Mayenne (id.).	Chartres (id.).
Mamers (Sarthe).	Alençon (Orne).
Le Mans (id.).	Argentan (id.).

5e *corps.* — ORLÉANS.

Sens (Yonne).	Auxerre (Yonne).
Fontainebleau (S.-et-M.).	Montargis (Loiret).
Melun (Seine-et-Marne).	Blois (Loir-et-Cher).
Coulommiers (id.).	Orléans (Loiret).

6ᵉ *corps.* — CHALONS.

Nancy (Meurthe-et-Mos^lle).
Toul   (id.).
Neufchâteau (Vosges).
Verdun (Meuse).

Mézières (Ardennes).
Reims (Marne).
Troyes (Aube).
Châlons-s.-M^ne (Marne).

7ᵉ *corps.* — BESANÇON.

Belfort (Haut-Rhin).
Belfort-Vesoul (H^te-Saône).
Langres (Haute-Marne).
Chaumont   (id.).

Lons-le-Saunier (Jura).
Besançon (Doubs).
Bourg (Ain).
Belley (id.).

8ᵉ *corps.* — BOURGES.

Auxonne (Côte-d'Or.)
Dijon   (id.).
Châlon-s.-Saône (S.-et-L.).
Mâcon (Saône-et-Loire).

Cosnes (Nièvre).
Bourges (Cher).
Autun (Saône).
Nevers (Nièvre).

9ᵉ *corps.* — TOURS.

Châteauroux (Indre).
Le Blanc   (id.).
Parthenay (Deux-Sèvres).
Poitiers (Vienne).

Châtellerault (Vienne).
Tours (Indre-et-Loire).
Angers (Maine-et-Loire).
Cholet   (id.).

10ᵉ *corps.* — RENNES.

Guingamp (Côt.-du-Nord).
Saint-Brieuc   (id.).
Rennes (Ille-et-Vilaine).
Vitré   (id.).

Cherbourg (Manche).
St-Mâlo (Ille-et-Vilaine).
Granville (Manche).
Saint-Lô   (id.).

1.

11e *corps*. — NANTES.

Nantes (Loire-Inférre). | Vannes (Morbihan).
Ancenis (id.). | Quimper (Finistère).
La Roche-s.-Yon (Vendée). | Brest (id.).
Fontenay (id.). | Lorient (Morbihan).

12e *corps*. — LIMOGES.

Limoges (Haute-Vienne). | Périgueux (Dordogne).
Magnac-Laval (id.). | Angoulême (Charente).
Guéret (Creuze). | Brives (Corrèze).
Tulle (Corrèze). | Bergerac (Dordogne).

13e *corps*. — CLERMONT-FERRAND.

Riom (Puy-de-Dôme). | Le Puy (Haute-Loire).
Montluçon (Allier). | Saint-Étienne (Loire).
Clermont-Fd (Puy-de-De). | Montbrison (id.).
Aurillac (Cantal). | Roanne (id.).

14e *corps*. — GRENOBLE.

Grenoble (Isère). | Vienne (Isère).
La Tour-du-Pin (Isère). | Romans (Drôme).
Annecy (Haute-Savoie). | Montélimar (id.).
Chambéry (Savoie). | Gap (Hautes-Alpes).

15e *corps*. — MARSEILLE.

Toulon (Var). | Nimes (Gard).
Villefranche-Nice (A.-M). | Avignon (Vaucluse).
Aix (Bouches-du-Rhône). | Privas (Ardèche).
Ajaccio (Corse). | Pont-Saint-Esprit (Gard).

16ᵉ *corps.* — MONTPELLIER.

Béziers (Hérault).	Narbonne (Aude).
Montpellier (id.).	Perpignan (Pyrénées-O.).
Mende (Lozère).	Carcassonne (Aude).
Rodez (Aveyron).	Albi (Tarn).

17ᵉ *corps.* — TOULOUSE.

Agen (Lot-et-Garonne).	Toulouse (Hᵗᵉ-Garonne).
Marmande (id.).	Foix (Ariége).
Cahors (Lot).	Mirande (Gers).
Montauban (Tarn-et-Garᵉ).	St-Gaudens (Hᵉ-Garonne).

18ᵉ *corps.* — BORDEAUX.

Saintes (Charente-Inférᵉ).	Mont-de-Marsan (Landes).
La Rochelle (id.).	Bayonne (Bˢᵉˢ-Pyrénées).
Libourne (Gironde).	Pau (id.).
Bordeaux (id.).	Tarbes (Hᵗᵉˢ-Pyrénées).

19ᵉ *corps.* — ALGER.

Dans chaque région, le général commandant le corps d'armée a sous son commandement le territoire, ainsi que toutes les forces et tous les services placés sur ce territoire.

Commandement des régions.

Il porte le titre de commandant du Nᵐᵉ corps d'armée et de la Nᵐᵉ division militaire, le numéro de la division militaire territoriale correspondant au numéro du corps d'armée.

Chaque région est divisée en huit subdivisions de région, ce qui porte à 144 le nombre de ces subdivisions, chiffre correspondant au nombre des 144 régiments d'infanterie de ligne.

Recrutement et mobilisation. Dans chaque chef-lieu de subdivision de région se trouve, sous les ordres d'un officier supérieur, un bureau de recrutement et de mobilisation, duquel relèvent *tous* les hommes de la subdivision soumis au service militaire : jeunes soldats, réservistes, disponibles et hommes faisant partie de l'armée territoriale.

Il existe en plus de ces 144 bureaux de recrutement et de mobilisation :

Dans les départements de la Seine et de Seine-et-Oise, quatre dépôts de mobilisation à Paris, un à Versailles, pour les réservistes des 2e et 3e corps, et un à Étampes, pour ceux des 4e et 5e corps;

A Lyon, un dépôt pour les six arrondissements de cette ville et les cantons de Neuville, Villeurbanne, Givors et Saint-Genis-Laval;

A Digne enfin, un dépôt annexe de la subdivision d'Aix.

Les subdivisions de région sont commandées,
deux par deux, par les généraux de brigade
dont les brigades se trouvent en garnison sur
le territoire de la subdivision. Ces généraux
sont délégués à ce commandement par leurs
généraux de division, délégués eux-mêmes
par le général commandant le corps d'armée.
Ce sont eux qui doivent traiter toutes les
affaires militaires des subdivisions qu'ils com-
mandent.

Commande-
ment des
subdivisions
de région.

Les affaires ressortissant à l'intendance
doivent passer par la sous-intendance chargée
de l'administration de la subdivision de région.

Intendance.

Tous les hommes astreints au service, appelés des première et deuxième portions, réservistes, disponibles, soldats de l'armée territoriale, doivent, pour toutes les *opérations*
militaires qui les concernent, se rendre au
chef-lieu de leur subdivision de région. Les
réservistes et les disponibles, dont le corps
auquel ils sont affectés se trouve dans la sub-

Lieu de
concentra-
tion des
militaires
de la
subdivision
de région.

division de région, rejoignent directement ce corps en cas de mobilisation.

Les maires de leurs communes et la gendarmerie cantonale sont leurs intermédiaires directs, en toute circonstance, avec le recrutement et le commandement.

Durée du service. Tout Français qui n'est pas déclaré impropre au service militaire fait partie de l'armée active pendant *cinq* ans, de la réserve de l'armée active pendant *quatre* ans, de l'armée territoriale pendant *cinq* ans, de la réserve de l'armée territoriale pendant *six* ans.

La durée du service compte du 1er juillet de l'année du tirage au sort. Chaque année, au 30 juin, en temps de paix, les militaires qui ont terminé le temps de service prescrit par la loi reçoivent successivement un *certificat* constatant leur passage dans la réserve de l'armée active, dans l'armée territoriale, dans la réserve de **Congé définitif.** l'armée territoriale, et enfin un *congé définitif*.

Tous les jeunes gens de la classe appelée qui ne sont pas exemptés pour cause d'infirmités, ou dispensés, ou affectés à l'armée de mer, sont mis à la disposition du ministre de la guerre. Ils sont tous immatriculés dans les divers corps de l'armée et forment, d'après le chiffre fixé annuellement par le ministre, les première et deuxième portions du contingent.

Ceux composant cette dernière catégorie sont pris par ordre de numéros sur la première partie de la liste du recrutement cantonal, et dans la proportion déterminée par le ministre. Ils restent au service une année et peuvent n'être gardés sous les drapeaux que six mois. Après ce temps, ils rentrent dans leurs foyers, où ils restent en disponibilité de l'armée active, à la disposition du ministre, soumis à des revues et à des exercices.

Deuxième portion du contingent.

Quand ils restent un an, et qu'après cette période ils ne savent ni lire ni écrire, ils peuvent être conservés au service une deuxième année. Par contre, ceux qui, par leur instruction, remplissent toutes les conditions exigées, peuvent après six mois être renvoyés en disponibilité dans leurs foyers.

Les hommes renvoyés en disponibilité peuvent être autorisés à compléter cinq années de service sous les drapeaux.

Mariage
sans
autorisation.

Les hommes de la disponibilité de l'armée active et les hommes de la réserve peuvent se marier sans autorisation. Ils restent néanmoins soumis aux obligations de service imposées à leur classe, à moins qu'ils ne soient pères de *quatre* enfants vivants. Dans ce cas, ils passent de droit dans l'armée territoriale.

Registre
matricule.

Il est tenu dans chaque bureau de recrutement et de mobilisation un *registre matricule*, sur lequel sont portés tous les jeunes gens qui n'ont pas été déclarés impropres au service militaire.

Ce registre mentionne l'incorporation de chaque homme inscrit, et successivement tous les changements qui peuvent survenir dans sa situation, jusqu'à son passage dans l'armée territoriale.

Changement
de domicile
et de
résidence.

Le changement de *domicile* est l'abandon du lieu que l'on habite pour se fixer *définitivement* où on se transporte ; le changement de *résidence* n'est qu'une absence plus ou moins prolongée du domicile qui reste le même.

Tous les hommes inscrits au registre matricule qui désirent changer de *domicile* doivent : 1° en faire la déclaration à la mairie de la commune qu'ils quittent et à la mairie de la commune où ils veulent s'établir ; 2° soumettre le certificat en vertu duquel ils se trouvent dans leurs foyers au visa du commandant de la brigade de gendarmerie de la localité qu'ils quittent et à celui du commandant de la brigade du lieu où ils viennent s'établir.

Ceux qui désirent changer de *résidence*, pour plus de trois mois, doivent soumettre leur titre au visa du commandant de la brigade de gendarmerie de la localité qu'ils quittent et à celui du commandant de la brigade du lieu où ils viennent s'établir.

Les hommes qui désirent changer de domicile ou de résidence pour les départements de Seine et de Seine-et-Oise doivent adresser leur demande à l'autorité militaire de la subdivision de région. Ils joignent à l'appui un certificat légalisé constatant qu'ils ont des moyens d'existence assurés dans celui de ces

Départements de Seine et de Seine-et-Oise.

départements où ils désirent se rendre, et faisant connaître exactement le nom et l'adresse
de la personne chez laquelle ils veulent aller. Le
gouverneur de Paris, à qui elle est transmise,
accorde alors, s'il le juge convenable, l'autorisation demandée, sans laquelle l'homme ne
peut partir, certain, s'il le faisait, d'être recher-
ché par la gendarmerie, condamné à l'amende
et même à la prison.

Peines encourues pour changement de domicile sans déclaration.

Les militaires liés au service dans les conditions des lois antérieures à celle de 1872
seront passibles d'une punition disciplinaire de
quinze jours de prison, s'ils ne se conforment
pas aux prescriptions indiquées ci-dessus.

Tout homme inscrit au registre matricule,
qui n'a pas fait les déclarations de changement
de domicile, est déféré aux tribunaux ordinaires et puni d'une amende de 10 à 200 fr.
Il peut en outre être condamné à un emprisonnement de quinze jours à trois mois.

En temps de guerre, la peine est double.

Insoumission

Tout homme qui n'obéit pas à un ordre de

(1) Loi sur le recrutement de l'armée du 27 juillet 1872.

route régulièrement notifié est, après un mois de délai, puni, comme insoumis, d'un emprisonnement de un mois à un an en temps de paix, et de deux à cinq ans en temps de guerre.

En temps de guerre, les noms des insoumis sont affichés, pendant toute la durée de la guerre, dans toutes les communes du canton de leur domicile.

Tout homme qui est prévenu de s'être rendu impropre au service militaire, soit temporairement, soit d'une manière permanente, est puni, s'il est reconnu coupable, d'un emprisonnement de deux mois à cinq ans, et peut être ensuite envoyé dans une compagnie de discipline, en Afrique.

Le temps pendant lequel un militaire a subi la peine de l'emprisonnement, en vertu d'un jugement, ne compte pas pour les années de service exigées par la loi. Le soldat complète ce temps de service après l'expiration de sa peine.

On entend par *devancement d'appel* le départ prématuré et volontaire d'un jeune soldat, dans la période de temps comprise entre les opérations du conseil de révision et l'appel de sa classe à l'activité, pour le régiment choisi par lui parmi ceux désignés par le ministre. Malgré cela, il suit le sort de sa classe.

Avant les opérations du conseil de révision, le départ d'un jeune soldat ne peut avoir lieu que par suite d'un engagement volontaire. Cet engagement impose à celui qui le contracte un tèmps de service exact et ne lui permet pas d'être libéré avec les hommes de sa classe, si ceux-ci le sont par anticipation.

Manière de devancer l'appel. Après la publication de la décision ministérielle indiquant que les devancements d'appel sont autorisés, le jeune soldat, qui a passé devant le conseil de révision, peut, s'il ne se trouve pas compris parmi les hommes affectés à l'armée de mer et s'il ne fait pas défaut aux armes spéciales, devancer l'appel à l'activité. A cet effet, il se présente au bureau de recrutement de sa subdivision de région. Là, après les constatations réglementaires, le commandant du dépôt de recrutement lui donne un *certificat d'aptitude* pour le corps choisi par lui parmi ceux indiqués sur le tableau de répartition des jeunes soldats entre les divers corps de l'armée. Muni de ce certificat, le jeune soldat se rend chez le général commandant la subdivision qui, après examen, autorise, s'il le juge convenable, le dévancement d'appel. Cette *autorisation* est inscrite sur le certificat d'aptitude. L'homme est alors dirigé par le sous-intendant ou son suppléant légal sur le corps désigné.

Outre le certificat d'aptitude délivré par le recrutement, les hommes qui désirent être admis par devancement d'appel dans certains corps doivent avoir :

Pour les compagnies d'ouvriers du génie, d'artillerie et des équipages militaires, un *certificat de capacité* délivré par le capitaine de l'une de ces compagnies, ou par le directeur de l'atelier de précision de Paris ;

Compagnies d'ouvriers.

Pour les infirmiers militaires, un pareil certificat délivré par l'officier d'administration comptable d'un hôpital militaire, visé et approuvé par le sous-intendant chargé de la police administrative de cet établissement ;

Infirmiers.

Ouvriers d'administration.

Pour les sections d'ouvriers d'administration, un certificat délivré par un membre de l'intendance en résidence au chef-lieu de la région ;

Mécaniciens et voiliers.

Pour les mécaniciens et voiliers de la marine, un certificat du directeur d'un atelier militaire ou civil dont la signature doit être légalisée.

Départ du contingent.

A l'appel de la première portion du contingent, on forme, au chef-lieu de la subdivision de région, les détachements destinés aux différents corps désignés par la décision du ministre de la guerre qui fixe la répartition du contingent.

Le chef de chaque détachement reçoit du recrutement la liste des hommes qu'il doit conduire à leur corps. Dès que le détachement est formé, les hommes qui le composent sont soumis à toutes les lois militaires. Ils reçoivent alors, par chaque journée de route, le

Pain et solde

pain et la solde : 750 grammes de pain et 0 fr. 55, solde uniforme pour tous les jeunes soldats mis en route.

Jeunes soldats.

On entend par *jeunes soldats* les jeunes

gens qui ont été compris définitivement dans le contingent de leur canton par décision du conseil de révision ; ce sont les *appelés*.

Les hommes isolés sont mis en route individuellement par les soins du recrutement. Ils voyagent par les voies ferrées, avec une feuille de route délivrée par l'intendance. Ils perçoivent, sur la présentation d'un mandat joint à la feuille de route, une indemnité qui se compose du prix de leur transport en chemin de fer, augmenté d'une somme fixe de 1 fr. 25 par journée passée en route. Ils n'ont pas droit au pain.

Isolés.

D'après la nouvelle loi de recrutement, tout Français doit le service militaire personnel.

Service obligatoire.

Il n'existe plus dans l'armée que *trois* espèces de soldats : les appelés, les engagés volontaires et les rengagés.

Recrutement de l'armée.

La catégorie des engagés volontaires peut se subdiviser en deux : les engagés conditionnels d'un an et les engagés volontaires pour cinq ans.

Engagés volontaires.

Les conditions exigées des jeunes gens qui désirent contracter un engagement conditionnel d'un an sont spécifiées dans la loi de 1872 et dans différents décrets complémentaires.

Les conditions de taille diffèrent aussi de celles des engagés volontaires pour cinq ans.

Taille minima exigée dans l'armée pour les engagés conditionnels d'un an :

1^m 54   pour l'infanterie.
1 68   cuirassiers.
1 60   dragons, chasseurs, hussards.
1 64   artillerie et train d'artillerie.
1 54   génie.
1 64   équipages militaires.

Engagement volontaire. Les engagements volontaires pour cinq ans ne peuvent être contractés que par des hommes sachant lire et écrire, ayant dix-huit ans d'âge, 1^m 54 de taille, ni mariés ni veufs avec enfants, possédant un certificat de bonne vie et mœurs, un certificat constatant qu'ils jouissent de leurs droits civils et qu'ils n'ont pas été condamnés pour vol, escroquerie, abus de confiance, attentat aux mœurs; ils ont besoin du consentement de leurs père, mère ou tuteur, s'ils ont moins de vingt ans, et, en outre, doivent avoir l'aptitude physique exigée par le recrutement.

La taille exigée des engagés volontaires est de :

Conditions de taille exigées.

Maximum.	Minimum.	
»	1m 54	pour l'infanterie.
»	1 70	cuirassiers.
1m 72	1 66	dragons.
1 70	1 63	chasseurs et hussards.
1 72	1 63	chasseurs d'Afrique.
»	1 67	artillerie et pontonniers.
»	1 66	train d'artillerie.
»	1 64	ouvriers d'artillerie et artificiers.
»	1 66	génie.
»	1 64	équipages militaires, ouvriers constructeurs.
»	1 54	ouvriers d'administration, commis aux écritures, infirmiers.

Il existe encore un minimum de taille pour les hommes exerçant certaines professions.

Le consentement du chef de corps doit être produit par les hommes qui désirent s'engager dans le régiment en garnison dans la subdivision de région qu'ils habitent.

Les rengagements peuvent être contractés

Rengagement.

pour deux, trois, quatre ou cinq ans, dans
leur dernière année de service, par les militaires qui réunissent les qualités requises pour
faire un bon service dans le corps où ils veulent se rengager, pourvu, toutefois, que les
soldats n'aient pas plus de vingt-neuf ans et les
sous-officiers plus de trente-cinq ans à l'expiration de leur dernier rengagement.

L'homme qui désire se rengager doit, de
plus, avoir tenu une bonne conduite pendant
son séjour sous les drapeaux et être accepté
par le chef du corps où il désire accomplir son
rengagement.

Rengage-
ment des
militaires
de la
réserve.
Un militaire de la réserve peut aussi se rengager, s'il se trouve dans les conditions d'âge
énoncées ci-dessus, et s'il justifie, en plus de
ce qui est exigé pour ceux présents à leur
corps, qu'il a tenu une bonne conduite depuis
son départ du régiment, s'il en est absent depuis plus de trois mois.

Hautes-paies
Les militaires rengagés ont droit à une haute
paie journalière réglée ainsi qu'il suit :

	SOUS-OFFICIERS.		CAPORAUX ET SOLDATS.	
Décret du 30 novembre 1872.	Infanterie.	Cavalerie et autres armes.	Infanterie.	Cavalerie et autres armes.
Haute-paie dite du premier chevron, donnée aux militaires ayant plus de cinq ans de service et moins de dix.	0f 10	0f 15	0f 08	0f 12
Haute-paie dite de deux chevrons, donnée aux militaires ayant plus de dix ans de service et moins de quinze.	0 15	0 20	0 10	0 15
Haute-paie dite de trois chevrons, donnée aux militaires ayant plus de quinze ans de service	0 20	0 25	» »	» »

Les sous-officiers libérés du service depuis la promulgation de la loi de 1872, ainsi que les sous-officiers de la réserve, qui contractent des rengagements dans des corps où il n'existe pas d'emploi vacant, par application de la loi du 10 juillet 1874, seront placés à la suite et toucheront la solde de leur grade.

Les chefs de corps devront d'ailleurs leur réserver les premières places vacantes.

Acte de rengagement Les rengagements sont reçus par les fonctionnaires de l'intendance militaire pour le corps désigné par le rengagé et dans les formes prescrites par l'article 50 de la loi de 1872.

Incorporation. Lorsque le jeune soldat arrive au corps où il a été *incorporé* du jour de sa mise en route, le major, à qui il est présenté pour faire constater son identité, le fait aussitôt *immatriculer* **Immatriculation.** par le trésorier sur les contrôles du régiment et lui désigne une compagnie. Une fois dans sa compagnie, il est visité par le médecin, qui s'assure de nouveau qu'il est bon pour le service.

Le capitaine de la compagnie reçoit du trésorier les divers renseignements nécessaires pour faire établir son *livret*. (Voir page 52.) Ces renseignements sont inscrits très-exactement sur le livre de détail de la compagnie; on doit attacher une très-grande importance à l'orthographe des noms, prénoms et surnoms.

Dès que l'on a assigné au jeune soldat une

escouade et une place dans la chambrée, le fourrier lui donne une fourniture de couchage. Il est responsable, vis-à-vis de ce sous-officier, de la propreté et du bon entretien de cette fourniture. A cet effet, le caporal de son escouade doit lui donner les indications nécessaires : ne pas se coucher sur son lit pendant le jour, ne pas déposer sa gamelle dessus, ne rien placer entre la paillasse et le matelas, etc.

Les effets de couchage auxquels ont droit les hommes sont : Effets de couchage.

1º En caserne ou en baraques planchéiées : Fourniture complète.

Une paillasse, paille changée tous les six mois.

Un matelas
Un traversin } rebattus tous les six mois.

Une paire de draps
ou
Un sac à coucher, } échangés { du 1er mai au 30 septembre tous les vingt jours.
du 1er octobre au 30 avril tous les trente jours.

Une couverture.

Un couvrepieds, du 15 octobre au 15 avril.

Une couchette ou un châlit.

On peut dédoubler cette fourniture, et chaque homme a alors la première ou la deuxième Demi-fournitures.

partie de cette fourniture dédoublée sur la couchette, le châlit ou le lit de camp mobile tenant lieu de châlit en bois :

PREMIÈRE PARTIE DE LA FOURNITURE.	DEUXIÈME PARTIE DE LA FOURNITURE.
Le matelas.	La paillasse.
Un traversin en paille.	Le traversin en laine ou en varech.
Un drap plié en deux formant sac.	Deux draps.
Deux couvertures de campement.	La couverture réglementaire.
	Le couvrepieds réglementaire.

(Circulaire manuscrite du 24 octobre 1874.)

La troupe se servant de ces fournitures n'a pas droit aux effets de campement, tente-abri, natte, etc.

2° Dans des baraques non planchéiées, les effets ci dessus, placés sur des lits de camp.

3° Sous la tente, la paille de couchage, à raison de 5 kilos par homme tous les quinze jours et à chaque changement de position du camp.

Logement chez l'habitant. En route, par les voies de terre, les militaires couchent chez l'habitant. A cet effet, il

leur est délivré, par les soins des mairies, un
billet de logement qui leur donne droit, *pour
deux*, à un lit garni d'une paillasse, d'un matelas ou lit de plume, d'une couverture de
laine, d'un traversin et d'une paire de draps
propres. On doit leur donner en outre les us-
tensiles de cuisine et de table, ainsi que place
au feu et à la chandelle.

Jamais les hôtes ne peuvent être déplacés
du lit ni de la chambre qu'ils occupent habituellement. Les soldats doivent ne rien exiger
d'eux, quand même ceux-ci refusent de leur
donner ce qui leur est dû. Ils avertissent
leur officier ou leur sergent de section, qui
s'adresse à la mairie pour leur faire rendre
justice.

Après son inscription sur les contrôles de la
compagnie, le jeune soldat doit être aussi
promptement que possible habillé, équipé,
armé et pourvu d'effets de linge et chaussures.
Le capitaine, après avoir fait établir les bons
nécessaires, le conduit au magasin, accompagné
du sergent-major. On lui fait essayer capote,
tunique, veste, pantalon, shako et képi ; ses

*Habillement.
Équipement.
Armement.
Linge et
chaussures.*

mesures (pointure) sont prises en note par le sergent-major, pour être reportées sur son livret. On lui donne alors tous ces effets avec les objets de linge et chaussures démandés pour lui.

Lorsque tout ce qui constitue l'habillement, l'équipement, l'armement, la coiffure et le linge et chaussures a été donné au jeune soldat, il en devient responsable. Son caporal lui explique en quoi consiste cette responsabilité, tant pour la conservation de ces effets que pour les peines qu'il encourrait en cas de détérioration volontaire ou de manque de soin.

Tous les effets sont alors marqués, et leurs numéros incrits sur les livres de la compagnie et sur le livret de l'homme, afin qu'ils puissent toujours être retrouvés, et que l'homme puisse être reconnu d'après le simple numérotage d'un de ses effets.

Effets bourgeois. Le sergent-major fait vendre au jeune soldat, en présence d'un sergent de la section, les effets bourgeois qu'il a apportés. Le pàntalon peut être conservé pour les corvées et les exercices de détail.

S'il s'agit d'hommes de la deuxième portion du contingent, on fait un ballot de leurs habits ; ce ballot est étiqueté et déposé au magasin du corps, et le jour du départ on rend à chaque homme ses effets, ainsi conservés.

La *tunique* doit être assez ample du corsage et des manches pour que l'homme soit parfaitement à son aise dans tous ses mouvements. Elle se porte boutonnée dans toute sa longueur et tirée par le bas pour emboîter les hanches et ne point former de plis lorsque le soldat est chargé. Tous les boutons doivent être boutonnés.

Le collet, dont le pied repose sur les clavicules, doit être assez long pour ne jamais gêner l'homme et pour recevoir facilement la cravate de coton.

La largeur des manches doit permettre avec facilité tous les mouvements du bras, et le poing fermé doit pouvoir passer par leur ouverture inférieure.

La *capote* se porte soit seule, soit par dessus la veste, soit par dessus la tunique. Elle doit être assez ample pour ne gêner l'homme dans aucun de ses mouvements, lorsqu'il la porte par-dessus l'un ou l'autre de ces effets.

Le *pantalon* monte de manière à bien emboîter les hanches, et arrive à égale distance entre le nombril et le creux de l'estomac ; il tombe droit sur le cou-de-pied sans y former de plis ; le derrière, légèrement convexe, descend environ à un centimètre du bord inférieur de la guêtre ; il se porte avec des bretelles.

La *veste*, étant un vêtement de travail, doit être essayée à l'homme de manière qu'il y soit *très à l'aise*, et que tous ses mouvements soient parfaitement libres. Cette condition essentielle doit l'emporter sur toute recherche d'ajustement et de prétendue élégance.

Le collet doit être assez long pour contenir facilement la cravate de coton. La manche n'est point fendue au poignet, qui est assez large pour que le poing fermé puisse y passer.

Le *shako* se porte droit.

Lorsque la jugulaire est portée sous le menton, la boucle est placée sur la joue droite de l'homme.

Le *képi* se porte droit comme le shako.

Le ceinturon repose sur les hanches et les

boutons de derrière ; il doit être suffisamment serré, sans toutefois gêner l'homme, faire plisser l'habit ni empêcher la giberne de glisser facilement quand on veut la ramener en avant. Le bout de la bande qui est remployé en dessous ne doit jamais être apparent ; il est placé sur le *côté gauche* de l'homme et est pris dans la patte du ceinturon. Avec la capote, le ceinturon doit reposer sur les boutons du haut des pattes de poche, laissant au-dessous de son bord la martingale libre et apparente. Il passe par devant à peu près à égale distance entre les boutons du bas et ceux immédiatement au-dessus.

La *giberne* est habituellement placée sur le plat de la fesse droite. Elle peut se ramener en avant contre le coulant de cuivre du ceinturon, qui, sans quitter son crochet, peut au besoin s'appuyer à la plaque ; mais dans aucun cas la giberne ne doit franchir ce coulant ni la plaque, qui restent toujours apparents.

Le *porte-sabre-baïonnette* se place à gauche sur la hanche, la patte du ceinturon passant dans l'intervalle des deux branches et boutonnée par-dessus le ceinturon.

Le *ceinturon* garni du *porte-sabre* se porte hors des armes comme sous les armes. Quand l'homme n'a pas le sac au dos, les deux coulants de support en cuivre sont ramenés en avant contre la plaque.

La *poche à cartouches* se place en avant sur le côté droit de l'homme.

Paquetage du sac. — La capote, pour être placée sur le sac, est roulée en boudin, sur une longueur telle qu'elle encadre exactement le dessus et les flancs du sac. Elle se fixe au-dessus par les deux courroies de capote et par la grande courroie de charge, et au bas des flancs par les contre-sanglons à ce destinés. Les boucles de ces courroies ne doivent pas être apparentes.

Lorsque le soldat est pourvu de la tente-abri, cet effet est roulé en même temps que la capote, de manière à ne présenter qu'un seul et même rouleau qui ne laisse paraître au dehors que la toile de la tente-abri.

Étui-musette. — Cet étui est destiné à renfermer la tunique ou la veste quand elle est placée sur le sac. Alors la partie de l'étui qui excède la tunique roulée au fond est remployée

autour, et la banderolle est rentrée en dedans.
Ce rouleau aplati, qui ne doit pas déborder la
largeur du havre-sac, est placé dans le paquetage.

Cette manière de placer la tunique n'est
qu'accidentelle et ne peut jamais constituer un
paquetage régulier et de service.

En campagne, cet étui peut servir de *mu-
sette* pour y placer des vivres et des cartouches,
lorsque dans des circonstances particulières
on fait déposer le sac à la troupe.

La décision ministérielle du 14 février 1875
fixe de la manière suivante le chargement du
soldat en campagne :

1° *Le soldat aura sur lui, savoir :*

Chargement
du soldat
en campagne

> Une capote ou une veste.
> Un pantalon.
> Un képi.
> Une chemise.
> Une ceinture de flanelle.
> Un caleçon.
> Une paire de bretelles.
> Une cravate.
> Une paire de souliers.
> Une paire de guêtres en cuir.
> Un mouchoir.

2° *Chaque homme aura dans son havre-*
sac ou portera les objets suivants:

CHARGE DES ÉPAULES.

Vivres de réserve (deux jours)..........	1ᵏ690
Marmite-gamelle pour quatre hommes (modèle de la cavalerie)..............	0 750
Grand bidon (un quart de son poids).....	0 238
Gamelle individuelle..................	0 430
Tente Valdéjo, avec accessoires........	1 540
Capote ou veste, suivant le cas..........	1 000
Un caleçon...........................	0 400
Une chemise.........................	0 500
Une paire de guêtres de toile..........	0 110
Un bonnet de coton...................	0 110
Un mouchoir.........................	0 060
Un livret............................	0 030

	Brosse à chaussures	0ᵏ200	
	— à habit.....	0 150	
	— à fusil......	0 050	
1/2	Boîte à graisse à deux comparti- ments..........	0 215	0ᵏ815 0 407
	Trousse garnie....	0 200	

Une paire de souliers.................	0 800
Une paire de sous-pieds..............	0 020
Un morceau de savon.................	0 125
Havre-sac...........................	1 800
A reporter........	10ᵏ010

Report	10ᵏ 010
Cinq paquets de cartouches dans la case du havre-sac	1 485
Boîte de conserves	1 000
Toile caoutchouc, environ	0 800
Fusil	4 060
Bretelle de fusil	0 108
Bouchon de fusil	0 016
Nécessaire d'armes	0 150
Petit bidon demi-plein, avec quart	0 750
Étui-musette, avec un repas de vivres ...	0 500
TOTAL	18ᵏ 879

CHARGE DES HANCHES.

Ceinturon complet	0ᵏ 460
Giberne et poche à cartouches	0 613
Quatre paquets de cartouches dans la giberne, plus deux cartouches	1 254
Sabre et fourreau	1 033
TOTAL	3ᵏ 360
A ajouter la charge des épaules	18 879
CHARGE TOTALE	22ᵏ 239

Tenue. Il y a trois tenues dans les régiments :

La tenue du matin,

La tenue du jour,

La grande tenue.

Tenue du matin. La tenue du matin est permise jusqu'à l'appel d'onze heures. Elle se compose de la capote sans épaulettes et du képi. En été, la veste remplace la capote pour les caporaux et les soldats. Toutes les corvées sont faites en veste et en képi.

Tenue du jour. La tenue du jour commence à l'appel d'onze heures ; elle se compose du shako, du sabre et des épaulettes, et, selon les saisons ou l'ordre du colonel, de la tunique ou de la capote pour les sous-officiers ; de la tunique, de la capote ou de la veste pour les caporaux et les soldats.

Les sous-officiers et les soldats qui obtiennent la permission de ne pas se trouver à l'appel d'onze heures se mettent dans la tenue du jour avant de sortir du quartier.

Grande tenue. La grande tenue est en tunique ; elle se prend les dimanches et les jours de fête, et toutes les fois qu'elle est indiquée par l'ordre du régiment ou de la place. Les hommes de service sont habituellement dans cette tenue, à moins que des motifs particuliers ou la rigueur du froid n'engagent le commandant de la place à ordonner que le service soit fait en capote. La garde de police est dans la même tenue que les gardes de la place.

Les hommes de garde doivent toujours avoir le sabre-baïonnette dans le fourreau, excepté lorsqu'ils sont en faction.

Le pantalon porté sans plis est la règle, et le pantalon introduit dans la guêtre l'exception, selon le milieu atmosphérique dans lequel on se trouve placé.

Deuil. Les militaires qui sont en deuil de famille peuvent porter un crêpe noir au bras gauche.

Cheveux et moustaches. Les cheveux sont coupés courts, surtout par derrière ; ils ne forment jamais de touffes ni de boucles.

Les favoris ne dépassent pas la hauteur de la bouche, et ne doivent jamais se joindre aux moustaches ; les moustaches ne doivent être ni cirées ni graissées.

TARIFS DE SOLDE des soldats des différentes arr

(Décret du 19 novembre 1874). Tableau n°

DÉSIGNATION des ARMES.	CLASSES.	SOLDE DE PRÉSENCE PAR JO	
		Avec vivres de campagne.	En stati avec l pain seulen
Infanterie.			
Soldat, chasseur et zouave...	1re 2e	0ʳ 30 0 25	0ʳ 53 0 48
Commis aux écritures d'état-major, d'administration, infirmiers..................	1re 2e	0 30 0 25	0 53 0 48
Fusiliers et pionniers des compagnies de discipline...	»	0 25	0 48
Cavalerie.			
Cuirassier et cavalier de remonte.	1re 2e	0 38 0 33	0 61 0 56
Dragon, chasseur, hussard et chasseur d'Afrique........	1re 2e	0 33 0 28	0 56 0 51
Artillerie.			
Artillerie et train des parcs d'artillerie..............	1re	Hommes montés, 0ʳ 51 Hmes non montés, 0 41	0 74 0 64
	2e	Hommes montés, 0 42 Hmes non montés, 0 32	0 65 0 55
Pontonnier et artificier........	1re 2e	0ʳ 49 0 40	0 72 0 63
Ouvrier d'artillerie et du train des équipages............	1re 2e 3e	0 57 0 49 0 40	0 80 0 72 0 63
Génie.			
Sapeur..................	1re 2e	0 49 0 40	0 72 0 63

		SOLDE DE PRÉSENCE PAR JOUR	
Train.			
Train des équipages........	1re 2e	0 64 0 55	
Tirailleurs algériens.........	1re	Français... 0 35 Indigènes.. 0 60	Avec vivres en nature, ou une indemn
	2e	Français... 0 25 Indigènes.. 0 50	de 0ʳ 26 par jo avec le pain.
Spahis..................	»	Français... 0 75 Indigènes.. 1 »	Avec indemnité vivres de 0ʳ 44 jour sans pain

(Tarifs nos 1 et 13.)

Tableau no 2.

GRADES.	SOLDE DE PRÉSENCE PAR JOUR		SUPPLÉMENTS DE SOLDE PAR JOUR					
	Avec vivres de campagne.	En station avec le pain seulement.	Troupes en marche, en corps ou en détachement.	Militaires employés aux écoles militaires, ateliers et pénitenciers.	Résidence dans Paris.	En rassemblement.	Fête nationale.	Conduite des recrues.
Adjudant sous-officier	2f 57	2f 75	0f 85	1f »	0f 75	0f 20	1f 50	0f 26
Sous-chef de musique	1 52	1 70						
Chef armurier de première classe	1 47	1 70						
Chef armurier de deuxième classe	1 17	1 40						
Tambour-major, chef de fanfare	0 87	1 10						
Sergent-major								
Sergent et sergent-fourrier	0 67	0 90	0 25	0 45	0 40	0 10	0 70	
Caporal-fourrier	0 42	0 63						
Caporal-tambour ou clairon	0 40	0 63						
Caporal-sapeur								
Caporal	0 30	0 53	0 10	0 20	0 07	0 05	0 30	0 18
Sapeur, tambour ou clairon								
Soldat, chasseur et zouave de première classe								
Soldat, chasseur et zouave de deuxième classe	0 25	0 48						
Enfant de troupe à l'âge de quatorze ans							0 30	

Solde.

Le décret du 19 novembre 1874 a fixé, à partir du 1er janvier 1875, la solde et les suppléments de solde des hommes de troupe. Les tarifs de solde sont récapitulés dans le tableau n° 1, page 42. Quant aux six suppléments de solde, qui sont uniformes pour toutes les armes, ils sont placés à la suite des tarifs de solde de la troupe dans l'infanterie, tableau n° 2, page 43.

Les hommes en subsistance dans un autre corps perçoivent la solde des militaires de leur grade et de leur classe dans ce corps, sauf les cavaliers-ordonnances des officiers sans troupe, les soldats du train des équipages et les spahis, qui conservent leur solde.

Prime
journalière
de travail.

Les commis aux écritures d'état-major, de recrutement et d'administration, touchent en plus de leur solde une prime journalière de travail qui leur est allouée pour toutes les journées de présence.

Elle est fixée :

Pour les sergents-majors à .... 1f »
Pour les sergents................... » 90
Pour les caporaux.................. » 60

Pour les soldats..................... » 40

Pour les sergents instructeurs......... » 40

Pour les caporaux instructeurs........ » 30

Pour les clairons, ouvriers tailleurs et
cordonniers .... » 10

Les maîtres-ouvriers des corps de troupes, Maîtres-ouvriers.
autres que les chefs armuriers, reçoivent une
solde uniformément fixée, sans distinction
d'armes, à 1 fr. 25 en station avec le pain seulement, et à 1 fr. 07 avec vivres de campagne.

Les enfants de troupe de toutes armes, avant Enfants de troupe.
l'âge de quatorze ans, reçoivent en station, avec
le pain seulement, une solde fixée uniformément à 0 fr. 35 par jour. Cette solde est ré-
duite à 0 fr. 12 par jour quand ces mêmes
enfants touchent les vivres de campagne ou
l'indemnité représentative de vivres.

Chaque soldat doit toucher au moins cinq Centimes de poche.
centimes par jour sur sa solde; c'est ce que
l'on appelle le *sou de poche*. Cette somme est
payée tous les cinq jours par les caporaux d'escouade, en présence de l'officier chargé de
l'ordinaire. Elle prend aussi le nom de *prêt*.

3.

Prêt.

Le prêt est la solde de la troupe payée, à terme échu, six fois par mois aux commandants de compagnie.

Le capitaine perçoit le prêt à terme échu sur une feuille de prêt portant décompte, certifié et quittancé par lui, et que le trésorier vérifie avant d'en payer le montant.

Toutefois, pour les troupes en marche et dans les corps et détachements où est appliqué le mode d'achats directs pour les ordinaires, le prêt peut être perçu d'avance, si la nécessité en est reconnue par le conseil d'administration ou par l'officier qui, à défaut du conseil, exerce l'administration du corps ou de la fraction de corps. (Circulaire du 3 décembre 1874.)

Le prêt se ‘divise en deux parties : la première est destinée aux dépenses de l'*ordinaire ;* la deuxième est payée comme centimes de poche aux hommes qui vivent à l'ordinaire.

Les hommes qui s'absentent légalement sont payés des centimes de poche et des hautes-paies jusqu'au jour de leur départ exclusivement.

Ordinaire.

On donne le nom d'ordinaire à l'ensemble des objets, autres que le pain de munition, nécessaires soit à la nourriture des hommes, soit à l'entretien de leurs effets et de tout ce qui est en commun dans une compagnie.

Les fonds assignés à l'ordinaire sont destinés à assurer, concurremment avec la ration de pain fournie par l'État, la subsistance des troupes, et à pourvoir aux diverses dépenses que cette partie de la solde doit supporter.

L'excédant entre les recettes et les dépenses forme une réserve qui, sous le titre de *boni*, sert à améliorer l'ordinaire dans certaines circonstances.

Boni.

En temps de paix, lorsque la compagnie est réunie dans le même quartier, elle ne forme qu'un ordinaire. Un caporal est désigné pour être chef d'ordinaire.

La nourriture du soldat se compose journellement, en outre du pain, 750 grammes, ou du biscuit donné en échange dans certains cas, 550 grammes, de deux repas, généralement deux soupes avec viande, ou une soupe et un *rata*.

Deux repas journaliers.

Ces deux repas sont préparés à la cuisine ar un homme de la compagnie, assisté d'un aide de cuisine. Le cuisinier touche son *prêt franc*, c'est-à-dire qu'il perçoit toute sa solde, sans verser sa quote part à l'ordinaire, tout en étant nourri par la compagnie. Il doit être remplacé tous les trois mois ; l'aide de cuisine est changé tous les huit jours.

La soupe est trempée pour chaque soldat dans une gamelle individuelle, et la portion de viande mise dans la soupe.

Une corvée va chercher la viande, les légumes, les épices et le pain de soupe aux différents endroits où se font ces distributions.

Pain de soupe.

On ne peut donner à chaque homme moins de 250 grammes de pain de soupe par jour ; on touche pour chacun d'eux 300 grammes de viande, et les quantités de légumes et d'épices sont fixées par le capitaine.

Viande et légumes.

L'ordinaire doit subvenir en outre aux dépenses suivantes :

L'éclairage des chambres ;

Les balais de propreté ;

Les ingrédients pour le marquage des effets ;

Les sabots de cuisine ;

La somme allouée au perruquier de la compagnie, 10 centimes par homme et par mois ; cette somme est donnée aux hommes qui se rasent eux-mêmes (1) ;

Les ingrédients de nettoyage et de propreté pour les armes et les effets ;

L'achat et l'entretien des paniers pour la viande ;

L'entretien des paniers pour le charbon de terre.

Toutes les substances au compte de l'ordinaire sont en commun à la compagnie.

Outre les dépenses énumérées plus haut, Blanchissage l'ordinaire doit encore supporter les frais de blanchissage du linge des hommes. Chaque homme a droit pour cinq centimes par semaine au blanchissage : d'un mouchoir et d'une chemise toutes les semaines, d'un caleçon tous les quinze jours.

La compagnie fait blanchir en plus, pour ce prix, une collection d'effets de cuisine.

(1) NOTA. — Il n'est rien dû au perruquier pour la coupe des cheveux ou de la barbe des jeunes soldats, à leur arrivée au corps.

En campagne, l'ordinaire est fait par escouade.

Vivres de campagne. La ration de vivres de campagne, quand il en est distribué, et sauf modifications en vertu de décisions spéciales, se compose de :

Viande fraîche.....................	0ᵏ250
ou Bœuf salé	0 250
ou Lard salé.....................	0 200
Riz	0 030
ou Légumes.....................	0 060
Sel.....................	0 016
Sucre.....................	0 021
Café	0 016
Vin.....................	0ˡ025
Eau-de-vie	0 0625

Liquides en été. Il est accordé, pendant la saison des chaleurs, une ration d'eau-de-vie destinée à assainir l'eau. Cette ration, de 0 lit. 03125 par homme, peut être remplacée par une indemnité représentative. La durée de l'allocation varie, suivant les régions, du 21 juin au 31 août ou du 1ᵉʳ juin au 30 septembre. Elle est fixée par le général commandant le corps d'armée.

Chauffage. Le chauffage est alloué aux troupes pour la

cuisson des aliments et pour le *chauffage d'hiver.*

Pour la cuisson des aliments, il est alloué à chaque compagnie une *ration collective* de bois ou de charbon. Cette ration, qui varie suivant le genre de fourneaux dont on se sert, doit pourvoir à la cuisson des deux repas de la journée.

Les troupes campées, n'ayant pas de fourneaux, touchent pour la cuisson des aliments une *ration individuelle* de 1^k 20 de bois ou 0^k 60 de charbon et un fagot d'allumage pour vingt rations de houille. En outre, pour le café, 0^k 05 de bois ou 0^k 03 de charbon.

Les sous-officiers touchent toujours la ration individuelle et ont droit à double ration.

En hiver, les troupes perçoivent en plus, pour le *chauffage des chambres*, une ration collective par compagnie. Cette ration, fixée par région de température, est destinée à alimenter *trois* feux, dont un dans la chambre des sous-officiers comptables. Elle est répartie, par les soins du chef de corps, dans les chambrées des soldats.

Elle varie, comme durée, suivant les régions de température, qui sont au nombre de trois :

Dans la région chaude, elle est allouée pendant trois mois, 1er décembre au dernier jour de février;

Dans la région tempérée, pendant quatre mois, 16 novembre au 15 mars;

Dans la région froide, pendant cinq mois, 1er novembre au 31 mars.

Elle se compose de :

Dans la région chaude, 20 kil. de bois ou 12 de charbon.
Dans la région tempérée, 25 kil. de bois ou 15 de charbon.
Dans la région froide, 30 kil. de bois ou 18 de charbon.

Avec trois fagots d'allumage par ration de houille.

Livret. En arrivant au corps, chaque homme reçoit un *livret* signé par le major, sur lequel on inscrit ses nom et prénoms, son numéro matricule, son numéro annuel, le numéro et la lettre de la compagnie où il est placé.

Il se compose d'un certain nombre de feuillets contenant toutes les indications relatives à son état-civil et son culte, le titre sous lequel il sert, ses rengagements au corps, le nombre de chevrons qu'il possède, ses services avant l'incorporation, ses services dans le corps; ses campagnes, blessures, actions d'éclat; la date de sa libération, l'endroit où il se retire; les renseignements sur l'instruction, la vaccination; les différents cours qu'il doit suivre; les résultats de son tir à la cible, sa classe de tireur; l'enregistrement des effets de première et deuxième catégorie et des armes, la nomenclature des effets de petit équipement, les mesures des divers effets, le compte de la masse individuelle, les dispositions des lois ou réglements militaires, les marques extérieures du respect, et certains renseignements sur le certificat de bonne conduite.

La plus grande partie des feuillets du livret sert à l'enregistrement des comptes de la *masse individuelle* de l'homme. Cette masse, alimentée par une *prime journalière* d'entretien, est la somme fournie par l'État au soldat pour payer ses effets de linge et chaussures,

Masse individuelle.

ainsi que les diverses imputations réglementaires qui lui seraient faites.

La masse est la propriété de l'homme, le suit dans toutes les positions et lui est payée le jour de son passage dans la réserve de l'armée active.

La première mise, la prime journalière d'entretien, le complet de la masse, les suppléments à la prime journalière sont fixés par les tarifs indiqués dans le tableau n° 3, page 55.

Il n'est pas alloué de première mise provisoire aux hommes de recrue qui, dès leur arrivée, sont jugés susceptibles de réforme. On attend qu'il ait été statué sur leur position. Toutefois, la prime journalière d'entretien leur est attribuée comme aux autres hommes du corps.

La circulaire ministérielle du 31 décembre 1874, en fixant la première mise de petit équipement et la prime journalière d'entretien à allouer aux jeunes soldats de la deuxième portion, telle qu'elle est portée au tableau n° 3, prescrit de ne leur donner qu'un sac de petite

TARIFS DE LA MASSE INDIVIDUELLE.

(Décret du 10 octobre 1874.)

Tableau n° 3.

DÉSIGNATION des ARMES.	FIXATION de la première mise.	PRIME JOURNALIÈRE.	COMPLET de la MASSE.	SUPPLÉMENTS À LA PRIME JOURNALIÈRE.	
				En Algérie et en campagne.	En Corse.
Première portion du contingent.					
Infanterie de ligne et chasseurs à pied. Compagnies de discipline. Commis aux écritures d'état-major, d'administration et infirmiers.	40f »	0f 12	33f »	0f 05	0f 02
Artillerie (hommes non montés). Pontonniers. Génie (mineurs sapeurs).	49 »	0 13	40 »	0 05	»
Cavalerie (excepté les spahis). Artillerie et train d'artillerie (hommes montés). Génie (sapeurs-conducteurs).	75 »	0 14	55 »	0 05	»
Deuxième portion du contingent.					
Infanterie.	37 »	0 05	» »	» »	» »
Troupes à cheval.	57 »	0 06	» »	» »	» »

monture pour deux. On ne doit arrêter leur livret qu'à l'expiration de leur temps d'instruction, et ils ne peuvent emporter que leurs effets de petit équipement.

Reprises sur la masse. Si le soldat quitte le corps avant la date de sa libération, il lui est fait sur sa masse une *reprise* de 12 fr. pour les hommes à pied et de 20 fr. pour les hommes à cheval, toutes les fois que cette masse en offre les moyens. En cas d'insuffisance, la totalité de l'avoir à la masse est retenue.

Arrêté du livret et du livre de détail. Le premier jour de chaque trimestre, le capitaine arrête et signe le livret de l'homme, ainsi que le livre de détail de la compagnie. Signature du soldat. Les hommes signent leur compte sur le livre de détail. Il en est de même lorsqu'ils entrent en position d'absence ou quittent la compagnie.

Lorsque, par suite du bon entretien de ses effets, de l'ordre et de l'économie qu'il a su montrer, des versements volontaires qu'il peut faire, le soldat possède, à la fin du trimestre, en avoir à sa masse, une somme dépas-

sant 35 fr., *complet de la masse* dans l'infanterie, 40 et 55 fr. pour les autres armes, il
touche en argent le surplus dans les quinze
premiers jours qui suivent l'arrêté de son
compte. On ne peut lui faire aucune retenue
sur cette somme, que l'on appelle le *décompte.*

Le soldat ne doit jamais quitter son livret,
sauf au moment du réglement du trimestre.

En campagne, on n'arrête les livrets que
dans le trimestre qui suit la fin des opérations.
On se borne à y inscrire toutes les recettes et
toutes les dépenses, ainsi que tous les redres-
sements d'erreurs communiqués par le dépôt.

Tout soldat a comme chef immédiat son caporal d'escouade; c'est à ce gradé qu'il doit
adresser les observations, demandes, plaintes
ou réclamations qu'il peut avoir à faire. Celui-
ci doit lui donner tous les renseignements pos-
sibles sur sa tenue, sa conduite, la manière de
soigner ses effets et ses armes, etc. Il est
chargé de le surveiller dans tous les détails du
métier, l'encourage à bien faire et le punit
quand il manque. Il est responsable vis-à-vis

du sergent de sa demi-section de tout ce qui concerne les hommes de son escouade.

Le rang des caporaux est déterminé entre eux par l'ancienneté dans le grade.

Sergent. Au-dessus du caporal, dans l'échelle hiérarchique, se trouvent les sous-officiers remplissant les emplois de *sergent, sergent-fourrier, sergent-major* et *adjudant.*

Le sergent est responsable vis-à-vis des officiers et du sergent-major de sa compagnie de tout ce qui se rapporte au service, à la police intérieure et à la tenue des hommes de sa demi-section, qui se compose de deux escouades.

Sergent-fourrier. Le sergent-fourrier et le sergent-major sont les deux comptables de la compagnie.

Le fourrier est chargé des écritures et des distributions.

Les sergents-fourriers prennent rang parmi les sergents.

Sergent-major. Le sergent-major, qui est le *premier* des sous-officiers de la compagnie, rend compte chaque jour, et plus souvent s'il en est besoin, au capitaine, ainsi qu'à l'officier de semaine, de tout ce qui s'y passe. Il est responsable de tous les détails, tenue, discipline, etc.

L'adjudant a autorité et inspection immédiate sur les sous-officiers, caporaux et soldats, pour tout ce qui a rapport au service et à la discipline.

Adjudant.

Les officiers de la compagnie sont : le sous-lieutenant, le lieutenant et le capitaine. En campagne, il y aura en plus un sous-lieutenant auxiliaire par compagnie.

Chaque homme relève du sous-lieutenant ou du lieutenant commandant sa section, formée de deux demi-sections.

Sous-lieutenant.
Lieutenant.

Le régiment d'infanterie est formé de quatre bataillons et de deux compagnies de dépôt.

Le bataillon est composé de quatre compagnies, et est commandé par un chef de bataillon qui a au-dessus de lui le lieutenant-colonel et le colonel, ce dernier commandant le régiment.

Capitaine.
Chef-de-bataillon et major.
Lieutenant-colonel.
Colonel.

Le major est chargé de tous les détails de l'administration du régiment. Il a le grade de chef de bataillon.

Général de brigade. Deux régiments forment une brigade, commandée par un général de brigade.

Général de division. Deux brigades forment une division, qui a pour chef un général de division.

Général commandant de corps d'armée. Deux ou plusieurs divisions forment un corps d'armée sous les ordres d'un général commandant le corps d'amée, du grade de général de division.

Maréchal de France. Au-dessus de tous ces grades se trouve placé la haute dignité de maréchal de France.

Officiers supérieurs. Les chefs de bataillon, le major, le lieutenant-colonel et le colonel sont les *officiers supérieurs*.

Officiers généraux. Le général de brigade, le général de division, le général commandant le corps d'armée et le maréchal de France sont les *officiers généraux*.

La supériorité d'emploi donne le même droit au commandement que la supériorité de grade.

Avancement Outre les conditions d'aptitude exigées, il faut :

Nominations faites par le chef de corps.	Pour être nommé soldat de première classe, avoir au moins six mois de service.
	Pour être nommé caporal, avoir au moins six mois de service.
	Pour être sergent ou sergent-fourrier, avoir au moins six mois de grade de caporal.
	Pour être sergent-major, avoir au moins six mois de grade de sous-officier, dont trois mois de sergent et trois mois de fourrier.
Nomination faite par le chef de l'État.	Pour être nommé officier (sous-lieutenant), avoir au moins deux ans de grade de sous-officier.

En campagne, le temps de service exigé pour passer d'un grade à un autre est réduit de moitié.

Un acte de courage, une action d'éclat dispensent le soldat du temps exigé pour passer de la deuxième classe à la première.

Dans chaque chambrée se trouvent affichés les articles des réglements relatifs aux *devoirs des caporaux de chambrée,* à l'*entretien des armes* et aux *marques extérieures de respect.* Chaque soldat doit étudier avec soin ces prescriptions. On ne saurait trop insister auprès

Placards collés sur les murs de la chambrée.

4

d'eux sur le bon entretien de leurs chaussures et de leurs armes.

Entretien des armes. Le bon état de l'armement confié à l'homme par l'État doit être la préoccupation constante du soldat ; d'ailleurs, des peines sévères sont encourues pour manquement dans ce service. C'est un honneur pour un militaire d'avoir de belles armes, toujours bien tenues ; elles font une partie de son prestige et assurent quelquefois son salut et celui de ses camarades.

Marques extérieures de respect. Dans le placard sur les marques extérieures de respect, le soldat trouve les indications nécessaires pour apprendre à témoigner à ses supérieurs la déférence et le respect qu'il leur doit, dans le service comme en dehors du service. Ces instructions sont reproduites dans son livret ; mais, en outre, il y a différents détails qu'il doit connaître.

Il faut qu'il sache bien que c'est au plus ancien soldat de première classe, et à son défaut au plus ancien, qu'incombent, en l'absence du caporal, l'autorité et les devoirs de ce dernier.

Il doit savoir que partout et dans toute circonstance il doit le salut, nuit et jour, aux officiers de n'importe quelle arme, aux membres de la Légion-d'Honneur et aux médaillés militaires portant leur croix ou médaille.

S'il est en corvée isolément, il doit, à moins d'avoir les deux bras embarrassés, passer dans la main gauche ce qu'il porte, et saluer avec la main droite tout supérieur qu'il rencontre.

Tout sous-officier ou soldat, ayant à parler à un officier, doit le saluer de la main droite en portant cette main à hauteur de la visière de son shako, et reprendre la position. S'il est en képi, il doit se découvrir et reprendre la position, en tenant sa coiffure à la main.

En toute circonstance et en tout lieu, il doit obéissance à tout militaire son supérieur en grade, ainsi qu'à tout agent de l'autorité par lequel il est requis, quand besoin est.

Travailleurs.

Les soldats qui peuvent être utilisés dans les ateliers du régiment sont obligés d'y travailler momentanément, lorsque cela est jugé nécessaire.

Toutes les fois qu'un soldat en reçoit l'ordre, il est tenu d'exercer temporairement, dans l'intérêt du régiment, la profession qu'il avait avant son entrée au service.

Permissions. L'exemption de l'appel d'onze heures est accordée par l'officier de semaine, ou par le sergent-major, ou encore, en leur absence, par le sergent de semaine.

La permission de manquer à la soupe est donnée au soldat par le caporal de chambrée.

La permission d'une heure après l'appel du soir est accordée par l'officier de semaine.

L'exemption de l'appel du soir et la permission de dix heures sont accordées par le capitaine, et en cas de besoin pressant par l'officier de semaine.

Les exemptions d'exercice et de manœuvre sont accordées par le capitaine.

La permission de découcher sans quitter la garnison est seulement donnée par le commandant du corps, après avoir été demandée au rapport par le capitaine.

Les capitaines agissent de la même façon

pour les permissions des hommes qui demandent à s'absenter de la garnison.

Si un militaire, en permission en dehors de sa garnison, a besoin d'une prolongation, il s'adresse, soit directement, soit par l'intermédiaire de la gendarmerie, au général commandant la subdivision de région où il se trouve régulièrement.

Prolongation
de
permission.

Sa demande doit être faite assez à temps pour que la prolongation qu'il sollicite puisse lui être accordée avant l'expiration de sa permission. Autant que possible, il doit y joindre le consentement de son chef de corps.

Le général commandant la subdivision de région transmet, s'il le juge convenable, au général de division délégué ou au commandant du corps d'armée la demande qui lui est soumise.

A. Paris et à Lyon, les militaires doivent s'adresser à l'état-major de la place.

En principe, les congés de convalescence sont accordés par l'autorité militaire du terri-

Congés
de convales-
cence.

toire, le soldat n'obtenant généralement ce genre de congé qu'après un traitement à l'hôpital.

Congé de soutien de famille. Le congé de soutien de famille ne peut être demandé qu'au corps et sur la production d'un certificat modèle n° 5, délivré par le maire de la commune du militaire. Ces congés ne doivent être demandés que dans des cas très-rares, la loi de 1872 ayant porté à *quatre pour cent* le nombre des dispenses, à titre de soutien de famille, qui peuvent être accordées par les conseils de révision.

Prolongation de congé de soutien de famille. Les prolongations de congé de soutien de famille ressortissent au territoire, c'est-à-dire que l'homme qui en a besoin doit faire parvenir sa demande au général commandant la subdivision de région où il est en congé.

Congés temporaires. Les militaires ne peuvent obtenir de congés temporaires ou de prolongations de congés temporaires qu'en s'adressant à leur régiment.

Au delà de trente jours de permission, le corps doit être saisi de toute demande de prolongation. Toutefois, l'autorité militaire du territoire où l'homme est en permission peut l'autoriser à attendre la suite donnée à sa demande. Il faut donc, dans ce cas, qu'il s'adresse à son corps et au général commandant la subdivision de région.

Les réclamations individuelles sont les seules autorisées; l'homme en état d'ivresse ne peut être entendu et est puni.

Tout militaire recevant l'ordre d'une punition doit d'abord s'y soumettre; les soldats peuvent ensuite adresser leurs réclamations à leur capitaine, s'ils croient être l'objet d'une punition injuste ou trop sévère.

Dans un cas extraordinaire *seulement,* les militaires de tout grade sont autorisés à s'adresser directement au colonel, soit par écrit, soit verbalement.

Les soldats doivent être très-sobres de réclamations; ils sont punis sévèrement quand celles qu'ils font ne sont pas fondées.

Les punitions qui peuvent être infligées aux soldats sont :

Réclamations.

Punitions.

Les corvées hors tour ;

La consigne au quartier ;

La salle de police ;

La prison ;

La cellule de correction ;

L'interdiction de porter le sabre.

Le général de division peut infliger à tout soldat une punition de *deux* mois de prison, pour fautes graves. Cette punition est subie soit à la prison du corps, soit dans un fort. Si l'homme persévère à donner le mauvais exemple dans le régiment, il est traduit devant un *conseil de discipline ;* le général de division peut alors le faire diriger sur une compagnie de discipline, en Afrique.

Conseil de discipline.

Conseil de guerre. Si le soldat s'est rendu coupable d'un délit ou d'un crime justiciable d'un conseil de guerre, on établit contre lui, sur le rapport du capitaine, une plainte en conseil de guerre, et il est écroué dans une prison militaire en attendant son jugement. La période de temps de détention à laquelle il est condamné ne compte pas pour le service.

Les dernières pages du livret renseigneront exactement l'homme sur les délits et les crimes qu'il doit éviter de commettre, ainsi que sur les peines militaires qui en sont la conséquence. En tête de cette nomenclature, il verra que l'ivresse n'est jamais considérée comme circonstance atténuante. Les. détériorations d'effets produites par les militaires en état d'ivresse leur seront imputées.

Dettes. Il est interdit aux soldats de contracter, sous quelque prétexte que ce soit, aucun emprunt, dette ou engagement. Ceux qui le font sont punis avec sévérité.

Malades. Si le soldat est malade, il prévient son caporal d'escouade, qui en rend compte à l'appel du matin au sergent de semaine. Celui-ci le conduit à la visite du médecin et rend compte au sergent-major de la décision prise à son égard.

Le médecin, *s'il le reconnaît malade*, l'exempte de service ou d'instruction, le fait entrer à l'infirmerie ou à l'hôpital. S'il n'est pas reconnu malade à la visite, il est puni.

En cas d'urgence, on fait avertir sur le champ le médecin major.

Hommes à l'hôpital.

Lorsqu'un homme entre à l'hôpital du lieu, ses effets d'armement, d'habillement et d'équipement sont visités en sa présence au magasin du régiment, où ils restent déposés, ainsi que son sac, qui est fermé et étiqueté. L'état en est dressé; il est signé par l'homme qui s'absente et le sergent-major, et renfermé dans le sac.

Si le soldat entrant à l'hôpital ne peut assister à cette visite, il y est remplacé par le caporal et un homme de l'escouade. Le sergent-major inscrit sur le billet d'hôpital les effets que l'homme emporte avec lui. Il arrête son livret, le présente à la signature du capitaine, et le remet à l'homme, qui doit toujours en rester porteur.

Fumeurs.

Chaque soldat reconnu fumeur a droit, tous les dix jours, à un bon de tabac dit de cantine; avec ce bon et la somme de quinze centimes, il lui est délivré, dans le bureau de tabac portant le numéro inscrit sur le bon, un paquet de tabac du poids de 100 grammes.

Le sergent-major reçoit du trésorier les bons de tabac nécessaires aux hommes de la compagnie les 1er, 11 et 21 de chaque mois.

Il est expressément défendu de faire un trafic quelconque sur les bons de tabac ou sur le tabac acheté au moyen de ces bons.

Aux revues trimestrielles ou à l'inspection générale, les hommes peuvent demander pour raisons personnelles leur changement de corps. Le général inspecteur apprécie et prononce, sur le vu de la demande de l'homme à laquelle doivent être joints les consentements des deux chefs de corps, celui auquel appartient le soldat et celui qui consent à le recevoir dans son régiment. Ces pièces sont obligatoires. La demande de l'homme doit être soumise par lui à son capitaine quelques semaines avant la revue.

Changements de corps.

Tout soldat qui a été blessé ou a contracté une infirmité au service ne doit jamais négliger de se faire délivrer un certificat d'origine, dont il a grand soin de toujours conserver l'original. Ce certificat, conforme à un modèle déterminé, selon le cas, peut lui être d'une

Certificats d'origine de blessures ou d'infirmités.

grande utilité, tant au service qu'après son départ du régiment. Il en fera établir des copies conformes qu'il mettra à l'appui des demandes qu'il pourra faire, ou des droits qu'il pourra revendiquer.

Certificat de bonne conduite. Lorsque le soldat est libéré du service actif, il reçoit, en quittant son corps, un *certificat de bonne conduite* délivré par une commission spéciale. Il a tout intérêt, par·sa manière de servir pendant son séjour au régiment, à ne pas se faire refuser ce certificat, sans lequel il ne peut que très-rarement trouver une place ou un emploi.

Vaguemestre Lettres. Toutes les lettres adressées aux militaires d'un corps sont remises au *vaguemestre,* qui les distribue chaque jour aux sergents-majors des compagnies.

Les lettres chargées et l'argent reçus par les soldats leur sont remis directement par le vaguemestre, en présence du sergent de semaine, qui signe avec eux au registre du vaguemestre et qui en informe l'officier de semaine.

Il est placé, près du corps-de-garde de police, une boîte aux lettres dont le vaguemestre a la clé. L'heure de la levée des lettres est indiquée par une affiche.

En campagne, les lettres adressées aux militaires leur parviennent en franchise. Les lettres envoyées par les militaires appartenant aux corps d'armées en campagne jouissent du même avantage.

Franchise des lettres et mandats en campagne

Les mandats envoyés par l'intermédiaire de la poste aux militaires en campagne seront exemptés de frais de timbre et de poste jusqu'à la somme de cinquante francs.

5

INSTRUCTIONS *pour l'application aux militaires des dispositions de la loi du 23 janvier 1873, tendant à réprimer l'ivresse.*

Paris, le 6 mai 1873.

Général, j'ai été consulté sur la question de savoir si la loi du 23 janvier 1873, tendant à réprimer l'ivresse, est applicable à l'armée.

En droit, la solution affirmative n'est pas douteuse, attendu qu'aux termes de l'article 271 du code de justice militaire, les contraventions de police commises par les militaires, tout en étant laissées à la répression de l'autorité militaire, peuvent être déférées par elle au conseil de guerre, et que, d'après l'article 267 du même code, les tribunaux militaires appliquent les peines portées par les lois pénales ordinaires à tous les délits non prévus par le susdit code.

Il importe, en outre, de poursuivre énergiquement dans l'armée le vice dégradant de l'ivresse, et le mode de répression judiciaire offre un moyen d'action bien plus efficace que les punitions disciplinaires.

Mais pour que l'application de cette loi soit faite d'une manière uniforme dans toutes les divisions militaires, il m'a paru nécessaire de fixer la marche à suivre en cette matière.

Je vous prie de remarquer tout d'abord que les
punitions disciplinaires n'entraînent en aucun cas
de conséquence judiciaire, et que tout jugement
prononcé contre un militaire pour ivresse constitue, au contraire, le point de départ pour la récidive, c'est-à-dire pour l'exécution complète de la
loi sur l'ivresse : cette loi, dans ses articles 1 et 2,
qui seuls peuvent concerner les hommes appartenant à l'armée, détermine ainsi qu'il suit le mode
de répression des fautes d'ivresse :

Contraventions.

Première faute d'ivresse
{ Tribunal de simple police.
Amende de 1 à 5 fr.

Deuxième faute (pre-
mière récidive dans
le délai de douze mois
après la première
condamnation).
{ Tribunal de simple police.
Amende de 1 à 5 fr.

Délits.

Troisième faute
(deuxième récidive dans
le délai de douze mois
après la deuxième
condamnation).
{ Tribunal correctionnel.
Six jours à un mois de
prison, avec amende
de 16 fr. à 300 fr.

Quatrième faute (troi-
sième récidive dans
le délai de douze mois
après la troisième
condamnation).
{ Tribunal correctionnel.
Maximum des peines
indiquées
pour la deuxième récidive
et pouvant être portées
jusqu'au double.

L'article 1er n'édicte, pour la première contravention et pour la deuxième faute, qui constitue la première récidive, qu'une amende de 1 à 5 fr.; mais dans ces deux cas, l'article 195 du code de justice militaire permet d'atteindre très-efficacement les délinquants, attendu que cet article donne aux tribunaux militaires la faculté de remplacer ladite peine d'amende par un emprisonnement de six jours à six mois; seulement, l'emprisonnement prononcé dans ces conditions contre le condamné ne devra jamais excéder la durée d'un mois, maximum fixé par l'article 2 de la loi du 23 janvier 1873 en punition de la troisième faute.

Pour cette troisième faute, qui constitue la deuxième récidive et qui entraîne l'envoi des civils devant un tribunal correctionnel, les militaires seront encore susceptibles, en vertu du même principe, d'être déférés aux conseils de guerre, qui pourraient alors prononcer un emprisonnement de six jours à un mois, en aggravant cette peine par la substitution de la prison à l'amende (laquelle doit être toujours infligée), sans toutefois dépasser deux mois, pénalité prévue pour la quatrième faute et troisième récidive.

Enfin, en ce qui touche cette quatrième faute, l'emprisonnement en remplacement de l'amende pourrait aller jusqu'à six mois, en vertu de l'article 195 précité du code de justice militaire.

. . . .

Je vous prie de vouloir bien m'accuser réception de la présente circulaire.

Recevez, etc.

Le Ministre de la guerre,
Signé : Général E. DE CISSEY.

TABLE

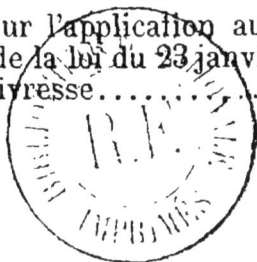

—◦☆◦—

Orléans, imp. de Georges JACOB, cloître Saint-Etienne, 4.

L'armée territoriale, lorsqu'elle est mobilisée, est soumise aux lois et réglements qui régissent l'armée active, et lui est assimilée pour la solde et les prestations de toute nature. (Art. 35 de la loi du 24 juillet 1873.)

www.ingramcontent.com/pod-product-compliance
Lightning Source LLC
Chambersburg PA
CBHW050615210326
41521CB00008B/1267